AF542515

FIN DE LA TABLE.

IMPRIMERIE DE E. DUVERGER, RUE DE VERNEUIL, 4.

mentales du chant grégorien, a voulu s'écarter du genre diatonique naturel; cet oubli a souvent été poussé si loin, que des innovateurs maladroits ont introduit dans le chant des formes insolites, à tel point qu'on ne reconnaît plus dans leurs méthodes le chant romain que saint Grégoire, Vitalien, Léon II, Ormisda et beaucoup d'autres pontifes avaient pris tant de soin de conserver dans toute sa pureté.

Cet ouvrage, puisé aux meilleures sources,

NOUVELLE THÉORIE

DES

SAPEURS-POMPIERS

AVIS.

Le mérite des ouvrages de l'**Encyclopédie-Roret** leur a valu les honneurs de la traduction, de l'imitation et de la contrefaçon. Pour distinguer ce volume, il porte la signature de l'Editeur, qui se réserve le droit de le faire traduire dans toutes les langues, et de poursuivre, en vertu des lois, décrets et traités internationaux, toutes contrefaçons et toutes traductions faites au mépris de ses droits.

Le dépôt légal de ce Manuel a été fait dans le cours du mois d'août 1864, et toutes les formalités prescrites par les traités ont été remplies dans les divers Etats avec lesquels la France a conclu des conventions littéraires.

NOUVELLE THÉORIE

DES

SAPEURS-POMPIERS

EXTRAITE

DU MANUEL DU SAPEUR-POMPIER

IMPRIMÉ

PAR ORDRE DU MINISTRE DE LA GUERRE

ET RÉDIGÉ PAR

Une Commission d'Officiers du Bataillon de Sapeurs-Pompiers
de la ville de Paris.

Prix : 75 centimes.

PARIS

A LA LIBRAIRIE ENCYCLOPÉDIQUE DE RORET,

RUE HAUTEFEUILLE, 12.

1865

NOUVELLE THÉORIE

DES

SAPEURS-POMPIERS

Cet ouvrage étant extrait du *Manuel du Sapeur-Pompier* (1), les personnes qui voudraient avoir le titre premier et la suite de cette Théorie, devront recourir à cet ouvrage.

TITRE II.

MANŒUVRE DE LA POMPE.

RÈGLES GÉNÉRALES

ET DIVISION DE CETTE ÉCOLE.

1. Cette école, qui a pour objet l'instruction pratique des sapeurs-pompiers, est la même dans toutes les compagnies; elle y est dirigée par l'officier de semaine, sous la surveillance du capitaine, qui ne permet, sous aucun prétexte, qu'on s'en écarte, afin que l'instruction soit uniforme dans tout le bataillon.

(1) A la *Librairie Encyclopédique de Roret*, rue Hautefeuille, 12.

2. Les officiers, sous-officiers et caporaux doivent tous la connaître et être en état de l'enseigner.

3. Lorsque les sapeurs, nouvellement arrivés au corps, sont jugés assez instruits pour passer à la première classe, ils sont présentés au capitaine, qui les examine et s'assure qu'ils connaissent bien toutes les parties de la manœuvre de la pompe et les détails de leur service dans tous les postes.

4. L'école de la pompe est divisée en six leçons :

La première comprend les mouvements de la pompe sur son chariot ;

La deuxième, l'exercice en cinq temps et la manière de mouvoir la pompe lorsqu'elle est à terre ;

La troisième, l'établissement et la manœuvre de la pompe ;

La quatrième, les principes pour mettre la pompe en état d'être rechargée sur son chariot et pour l'y placer ;

La cinquième, l'exercice, l'établissement et le chargement précipités ;

La sixième, la manœuvre de la pompe aspirante, l'exercice de l'échelle à crochets, du sac de sauvetage, des différents nœuds, et de l'appareil à feux de cave.

5. Chaque leçon est divisée en quatre articles, ainsi qu'il suit :

PREMIÈRE LEÇON.

1er ARTICLE. A vos postes — lever la flèche.

2e ARTICLE. Conversion de pied ferme — à droite — à gauche — demi-tour à droite — demi-tour à gauche.

3e ARTICLE. Marches diverses.

4e ARTICLE. Changements de direction à droite — à gauche — en avant — en arrière — et mettre la flèche à terre.

DEUXIÈME LEÇON.

1er ARTICLE. En reconnaissance.

2e ARTICLE. En manœuvre — déchaîner — lever la flèche — mettre la pompe à terre — et ôter le charriot.

3e ARTICLE. Conversion de pied ferme à droite — à gauche — demi-tour à droite — demi-tour à gauche.

4e ARTICLE. Marcher en avant et en arrière — changer de direction.

TROISIÈME LEÇON.

1er ARTICLE. Démarrer — ôter la lance — développer.

2e ARTICLE. Fixer l'établissement.

3e ARTICLE. Prendre les positions.

4e ARTICLE. Changer la pompe de place.

QUATRIÈME LEÇON.

1er ARTICLE. Démonter — vider les demi-garnitures — abattre sur l'arrière — laver — mettre à terre — et vider la pompe.

2e ARTICLE. Remonter — armer la pompe — et amarrer.

3e ARTICLE. Plier les demi-garnitures et amarrer.

4e ARTICLE. Charger la pompe sur son charriot.

CINQUIÈME LEÇON.

1er ARTICLE. Exercice précipité.

2e ARTICLE. Etablissement précipité.

3e ARTICLE. Chargement précipité.

4e ARTICLE. Manœuvre de plusieurs pompes réunies.

SIXIÈME LEÇON.

1er Article. Manœuvre de la pompe aspirante.

6. Chaque leçon est suivie d'observations qui ont pour objet de démontrer l'utilité des principes qu'on y aura prescrits. Les instructeurs doivent s'attacher à les connaître et à en faire l'application lorsqu'ils instruisent les sapeurs.

7. Le ton du commandement est toujours animé et d'une étendue de voix proportionnée au nombre de pompes servant à la manœuvre.

8. Il y a deux sortes de commandements : les commandements d'avertissement et ceux d'exécution.

9. Les commandements d'avertissement, qui sont indiqués par des lettres italiques, doivent être prononcés distinctement, dans le haut de la voix, et en allongeant un peu la dernière syllabe.

10. Les commandements d'exécution, qui sont indiqués par des majuscules, sont prononcés d'un ton ferme.

11. Les instructeurs expliquent toujours ce qu'ils enseignent en peu de paroles claires et précises. Ils s'attachent à accoutumer le sapeur de recrue à prendre lui-même la position qu'il doit avoir, et ne le touchent pour la rectifier, que lorsque son défaut d'intelligence les y oblige.

12. Pendant la manœuvre, les sapeurs qui sont dans les rangs sont interrogés par les instructeurs sur la nomenclature et les diverses parties des leçons auxquelles ils ont été exercés.

PREMIÈRE LEÇON.

ARTICLE I.

13. La pompe étant sur son charriot à 6 mètres du peloton placé sur deux rangs, l'instructeur désigne trois sapeurs sous les dénominations de :

Un chef,
Un premier servant,
Un second servant,

et commande ensuite :

A VOS POSTES. (*Fig.* 55.)

Fig. 55.

14. A ce commandement, les trois hommes désignés se portent vivement à la pompe ; le chef se place à 33 centimètres en arrière du charriot, dans la direction de la roue gauche, le premier servant à la gauche de la flèche et le second à la droite, les pieds à 16 centimètres en dedans de la traverse, tous trois faisant face en avant.

15. Ce mouvement étant exécuté, l'instructeur commande :

1° *Garde à vous.*
2° *Sapeurs.*
3° LEVEZ LA FLÈCHE. (*Fig.* 56.)

Fig. 56.

16. Au premier commandement, les trois hommes fixent leur attention.

17. Au deuxième, ils prennent la position du soldat sans armes.

18. Au troisième, le chef ne bouge pas, les servants saisissent la traverse des deux mains et la lèvent à hauteur de ceinture.

ARTICLE II.

CONVERSIONS DE PIED FERME.

19. Pour tourner à droite, l'instructeur commande :

1° *Tournez à droite.*
2° Marche. (*Fig.* 57.)

Fig 57.

20. Au premier commandement, le chef saisit le cordon de la bâche avec la main droite.

21. Au deuxième commandement, les servants font décrire un quart de cercle à la pompe, en partant du pied droit; le chef suit le mouvement.

22. La conversion étant achevée, tous trois reprennent leur première position.

23. Pour tourner à gauche, l'instructeur commande :

1° *Tournez à gauche.*

2° MARCHE. (*Fig.* 58.)

Fig. 58.

24. Au premier commandement, le chef saisit le cordon de la bâche avec la main droite.

25. Au deuxième commandement, les servants font décrire un quart de cercle à la pompe, en partant du pied gauche; le chef suit le mouvement.

26. La conversion étant achevée, tous trois reprennent leur première position.

27. Pour les demi-tours à droite (ou à gauche), l'instructeur commande :

1° *Demi-tour à droite* (ou *à gauche*).

2° MARCHE.

28. Au premier et au deuxième commandements, le chef et les servants exécutent ce qui est prescrit pour tourner à droite ou à gauche, en observant que l'on doit décrire un demi-cercle au lieu d'un quart.

29. Pour faire exécuter les mêmes manœuvres

dans la position de la marche en arrière, l'instructeur commande :

En arrière. (*Fig.* 59.)

Fig. 59.

30. A ce commandement, le chef se porte entre la traverse et le charriot, dans la direction de la roue gauche. Les servants passent du dedans au dehors de la traverse en la maintenant à hauteur de ceinture, le premier de la main droite, le second de la main gauche, les pieds à 25 centimètres de la traverse; tous trois faisant face en arrière.

31. Pour tourner à droite, l'instructeur commande :

1° *Tournez à droite.*

2° Marche. (*Fig.* 60.)

32. Au premier commandement, le chef saisit le cordon de la bâche avec la main gauche.

33. Au deuxième commandement, les servants font décrire un quart de cercle à la pompe, en partant du pied gauche; le chef suit le mouvement.

Fig. 60.

34. La conversion étant achevée, tous trois reprennent leur première position.

35. Pour tourner à gauche, l'instructeur commande :

1° *Tournez à gauche.*
2° Marche. (*Fig.* 61.)

Fig. 61.

36. Au premier commandement, le chef saisit le cordon de la bâche avec la main gauche.

37. Au deuxième commandement, les servants font décrire un quart de cercle à la pompe en partant du pied droit; le chef suit le mouvement.

38. La conversion étant achevée, tous trois reprennent leur première position.

39. Pour les demi-tours à droite (ou à gauche), l'instructeur commande :

1° *Demi-tour à droite* (ou *à gauche*).
2° Marche.

40. Comme pour tourner à droite ou à gauche, en observant que la conversion doit être de la moitié du cercle.

ARTICLE III.

MARCHES DIVERSES.

41. Les hommes étant placés dans la position en arrière, l'instructeur, pour faire exécuter la marche en avant, commande :

1° *En avant.*
2° Marche. (*Fig.* 62.)

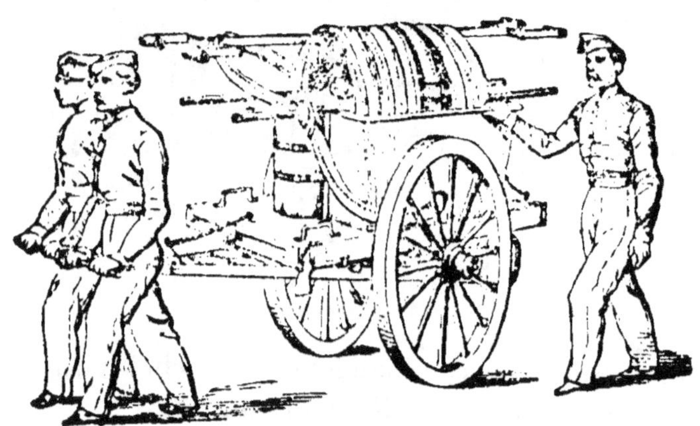

Fig. 62.

42. Au premier commandement, le chef passe de l'avant à l'arrière, les servants passent du dehors au dedans de la traverse pour reprendre la position de la marche en avant par les moyens inverses de ceux qu'on emploie pour prendre celle de la marche en arrière.

43. Au deuxième commandement, le chef saisit le cordon de la bâche avec la main droite, afin de pousser la pompe et d'en accélérer la vitesse; il part en même temps du pied gauche ainsi que les servants.

44. Lorsque le trajet est long, le chef peut changer de main en se transportant du côté opposé; il doit se tenir préalablement du côté le plus bas du terrain, s'il est incliné.

45. Lorsque l'instructeur ne fait pas le commandement de pas gymnastique, on marche au pas accéléré.

46. Pour arrêter la marche, l'instructeur commande :

1° *Sapeurs.*

2° HALTE.

47. Au deuxième commandement, les servants retiennent la traverse en redressant le haut du corps, le chef retient la pompe, quitte les cordes de la bâche, et tous trois rapportent le pied qui est en arrière à côté de l'autre.

48. Pour faire passer de la marche en avant à la marche en arrière, l'instructeur commande :

1° *En arrière.*
2° MARCHE. (*Fig.* 63.)

Fig. 63.

49. Au premier commandement, on exécute ce qui est prescrit pour passer de la position de la marche en avant à celle de la marche en arrière.

50. Au deuxième commandement, le chef saisit le cordon de la bâche avec la main gauche et part du pied gauche ainsi que les servants.

51. Dans la marche en avant ou dans la marche en arrière, la pompe étant arrêtée après le commandement *Halte,* l'instructeur, pour faire marcher de nouveau sans changer la position des hommes, commande seulement :

MARCHE.

ARTICLE IV.

CHANGEMENTS DE DIRECTION.

52. Dans la marche en avant ou dans la marche en arrière, l'instructeur commande :

1° *Tournez à droite* (ou *à gauche*).
2° MARCHE.

53. Au commandement de *Marche*, on tourne à droite ou à gauche, le chef passe du côté de la conversion, s'il n'y est déjà, excepté dans la marche en arrière, afin d'empêcher la pompe de verser, et l'on marche dans la nouvelle direction dès que la conversion est achevée.

54. Pour faire mettre la flèche à terre, après le commandement *Halte*, l'instructeur commande :

FLÈCHE A TERRE.

55. A ce commandement, les servants posent doucement la flèche à terre et reprennent, ainsi que le chef, la position du soldat sans armes.

56. Si ce dernier commandement est exécuté après la marche en arrière, et si l'instructeur veut faire relever la flèche, il fait le commandement LEVEZ LA FLÈCHE, sans que les hommes changent de position.

57. Pour faire reposer les hommes sans leur faire quitter leur position, l'instructeur commande :

En place — REPOS.

58. A ce commandement, le chef et les servants ne sont plus astreints à conserver l'immobilité, mais ils doivent garder leur position.

59. Pour passer de l'état d'attention à celui de repos, l'instructeur commande :

REPOS.

60. A ce commandement, les hommes ne sont plus tenus à garder leur position ni l'immobilité.

61. Pour faire reprendre aux hommes leur position et l'immobilité, l'instructeur commande :

1° *A vos postes.*

2° *Garde à vous.*

3° SAPEURS.

62. Au premier commandement, ils reprennent la position prescrite ; au deuxième, ils fixent leur attention ; au troisième, ils gardent l'immobilité.

Observations relatives à la première leçon.

63. Avant d'enseigner aux sapeurs de recrue la première leçon, l'instructeur doit leur apprendre la nomenclature des principales pièces de la pompe.

64. Dans les conversions de pied ferme, les servants doivent toujours maintenir la traverse de manière à faire pivoter la roue qui se trouve du côté de la conversion, dans la position en avant, et celle qui se trouve du côté opposé, dans la position en arrière.

DEUXIÈME LEÇON.

ARTICLE I.

65. L'instructeur, voulant faire exécuter la deuxième leçon, commande :

EN RECONNAISSANCE.

66. A ce commandement, le chef saisit le pic de la hache avec la main gauche, de la main droite tourne la chevillette et la retire, puis il enlève la hache en la dégageant de son crochet et de son anneau; le premier servant prend le cordage pour aller avec le chef reconnaître le point d'attaque et la quantité nécessaire de boyaux. La reconnaissance faite, le chef et le premier servant laissent près du point d'attaque désigné la hache et le cordage et reviennent près de la pompe pour reprendre leur position; le second servant ne bouge pas.

ARTICLE II.

67. L'instructeur commande ensuite :

1° *Exercice en cinq temps.*
2° En manœuvre. (*Fig.* 64.)

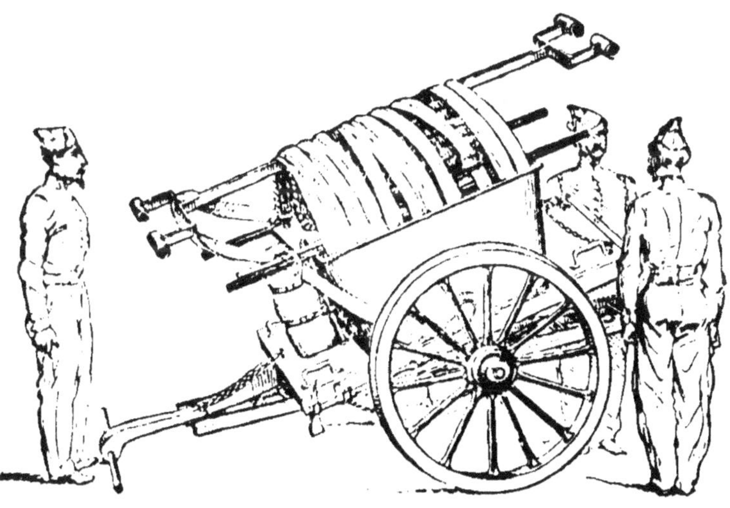

Fig. 64.

68. Au deuxième commandement, le chef se porte à l'avant, en dehors de la traverse, en passant du côté gauche, décrit un demi-cercle et fait face à la pompe; les servants se portent à hauteur de la barre d'arrêt, le premier en faisant un à gauche, le second un à droite et font aussi face à la pompe.

69. Si les hommes se trouvent dans la position de la marche en arrière, le chef tourne à droite pour se porter à l'avant de la pompe, en dehors de la traverse; les servants se portent à hauteur de la barre d'arrêt, en marchant droit en avant.

DÉCHAINEZ. (*Fig.* 65.)

Fig. 65.

70. A ce commandement, le chef se fend en avant du pied gauche, détache la chaîne, l'accroche à l'entablement et reprend sa première position; le premier servant lève de la main gauche le tourniquet, détache le moraillon de la main droite, et de cette main passe l'extrémité de la barre d'arrêt au second servant, qui, la recevant de la main gauche, la pose sur son support. Alors le premier servant se fend de la jambe droite vers l'arrière, saisit avec la main droite le montant de l'échelle de son côté, la retire de dessus le charriot en saisissant le quatrième échelon de la main gauche, vient la poser à terre du côté gauche, parallèlement à la pompe, à un mètre de distance, les crochets à hauteur de l'arrière; ensuite les servants se placent ensemble vis-à-vis et à 16 centimètres des moyeux.

LEVEZ LA FLÈCHE. (*Fig.* 66.)

Fig. 66.

71. A ce commandement, le chef saisit la traverse, l'extrémité de la flèche entre les deux mains, et la lève à hauteur de ceinture; alors le premier servant saisit des deux mains le cordon de la bâche, la gauche à la partie cintrée de l'avant, la droite à 10 centimètres de la gauche, et portant le pied droit à 33 centimètres du gauche; le second servant saisit des deux mains le cordon de la bâche, la droite à la partie cintrée de l'avant, la gauche à 10 centimètres de la droite, et portant le pied gauche à 33 centimètres du droit.

POMPE A TERRE. (*Fig.* 67.)

Fig. 67.

72. A ce commandement, le chef élève la traverse au-dessus de sa tête, autant que la longueur de ses bras le lui permet, et ne l'abandonne, autant que possible, que lorsque l'arrière du charriot est arrivé à terre; aussitôt qu'il l'a quittée, il place vivement son épaule droite sous la flèche, la main gauche à la naissance du heurtoir, de la main droite il en saisit le talon, et porte le pied gauche en arrière. Pendant ce mouvement, les servants appuient sur l'avant de la bâche pour empêcher la pompe de faire la bascule.

OTEZ LE CHARRIOT.

73. A ce commandement, le chef entraîne le charriot à quelques pas, pose doucement la flèche à terre et revient se placer à l'avant de la pompe; les servants la laissent glisser jusqu'à terre et se placent ensuite au milieu des flancs de la pompe, tous trois lui faisant face.

74. Lorsque l'échelle n'est pas utile à l'établissement, le premier servant la place sur le charriot.

ARTICLE III.

CONVERSIONS DE PIED FERME.

75. Les principes pour mouvoir une pompe dans divers sens et pour la changer de place quand elle est mise à terre, sont applicables : 1° lorsqu'elle ne peut être transportée sur son charriot à la place désignée pour son établissement; 2° lorsque la pompe étant établie dans un lieu, il s'agit de la transporter dans un autre. Dans ce dernier cas, si le trajet est long, on démonte les boyaux.

76. Pour tourner à droite, l'instructeur commande :

1° *Tournez à droite.*

2° MARCHE. (*Fig.* 68.)

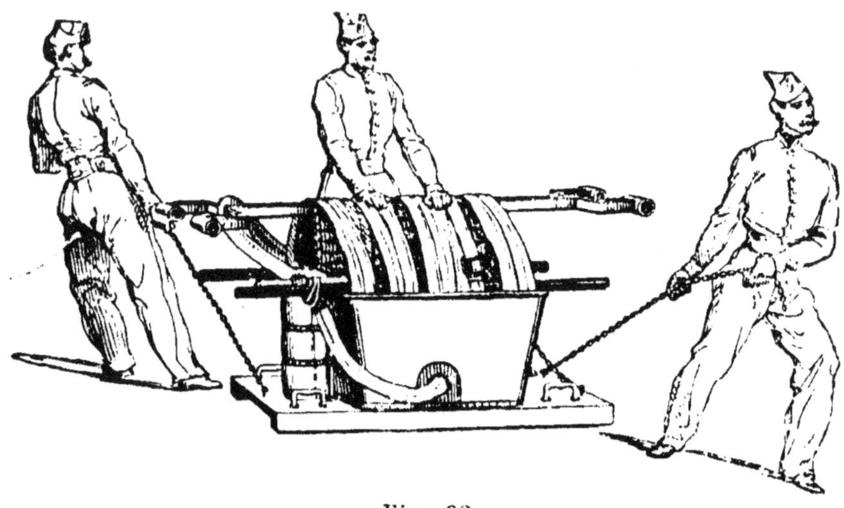

Fig. 68.

77. Au premier commandement, le chef saisit l'extrémité de la chaîne de l'avant avec la main gauche, les ongles en dessous, porte la droite à 33 centimètres de la gauche, les ongles en dessus, déboîte à gauche, se place de manière que la chaîne forme un angle droit avec le côté du patin, et se fend du pied gauche, à 50 centimètres sur la gauche, en portant le poids du corps sur la jambe gauche; le premier servant déboîte à droite, saisit la chaîne de son côté comme le chef a saisi celle de l'avant, la dirigeant d'équerre avec le côté du patin, fait un à gauche et se fend du pied gauche de la même manière que le chef; le second servant pose les mains sur la pompe pour l'empêcher de verser.

78. Au deuxième commandement, le chef et le premier servant tirent sur les chaînes, partant du pied droit, et font décrire en marchant, et sans secousses, un quart de cercle à la pompe ; le second servant suit le mouvement.

79. Dans les conversions de pied ferme, après l'exécution du commandement *Marche*, on accroche les chaînes à l'entablement et l'on reprend la première position.

80. Pour tourner à gauche, l'instructeur commande :

1° *Tournez à gauche.*
2° MARCHE. (*Fig.* 69.)

Fig. 69.

81. Au premier commandement, le chef saisit l'extrémité de la chaîne de l'avant avec la main droite, les ongles en dessous, porte la gauche à 33 centimètres de la droite, les ongles en dessus, déboîte à droite, se place de manière que la chaîne forme un angle droit avec le côté du patin, et se fend du pied droit à 50 centimètres sur la droite, en portant le poids du corps sur la jambe droite ; le premier servant pose les mains sur la pompe pour l'empêcher de verser; le second servant déboîte à gauche, saisit la chaîne de son côté comme le chef a saisi celle de l'avant, la dirigeant d'équerre avec le côté du patin, fait un à droite et se fend du pied droit de la même manière que le chef.

82. Au deuxième commandement, le chef et le second servant partent du pied gauche en tirant sur les chaînes ; le premier servant suit le mouvement.

83. On fait demi-tour à droite (ou à gauche) par les moyens employés pour tourner à droite ou à gauche, en observant que pour ce mouvement, il faut décrire un demi-cercle au lieu d'un quart; alors l'instructeur commande :

1° *Demi-tour à droite* (ou *à gauche*).
2° MARCHE.

ARTICLE IV.

MARCHES DIVERSES ET CHANGEMENTS DE DIRECTION.

84. Pour faire exécuter la marche en avant, l'instructeur commande :

1° *En avant.*
2° MARCHE. (*Fig.* 70.)

Fig. 70.

85. Au premier commandement, le chef prend sa chaîne comme pour tourner à droite, fait un à gauche, déboîte à gauche, se porte en avant de la pompe en se fendant du pied gauche à 50 centimètres, et porte le poids du corps sur la jambe gauche ; le premier servant déboîte à droite, prend sa chaîne comme le chef a pris la sienne, déboîte à gauche et se porte en avant comme celui-ci ; le second servant déboîte à gauche, saisit de la main droite l'extrémité de la chaîne, porte la gauche à 33 centimètres de la droite, déboîte à droite, se porte en avant en se fendant de la jambe droite.

86. Au deuxième commandement, le chef et les servants tirent fortement sur les chaînes en partant du pied qui est en arrière.

87. Pour arrêter la marche, l'instructeur commande :

1° *Sapeurs*.

2° Halte. (*Fig*. 71.)

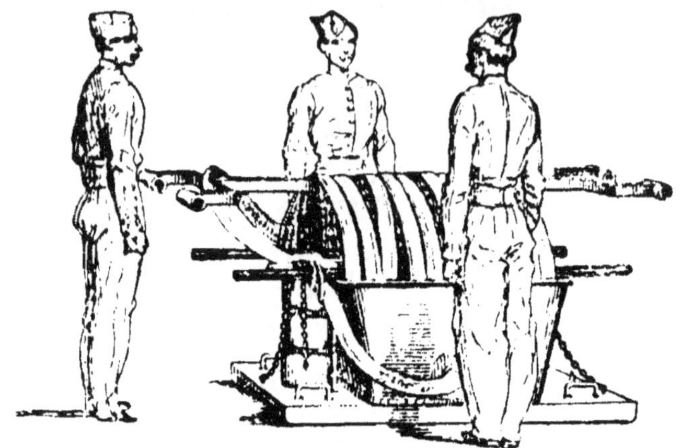

Fig. 71.

88. Au deuxième commandement, le chef et les servants rapportent le pied qui est en avant à côté de l'autre, accrochent les chaînes à l'entablement et reprennent leur première position.

89. Pour faire exécuter la marche en arrière, l'instructeur commande :

1° *En arrière.*
2° MARCHE. (*Fig.* 72.)

Fig. 72.

90. Au premier commandement, le chef saisit des deux mains, les ongles en dessous, le T du balancier, en l'inclinant sur l'avant si les boyaux sont développés, et se fend en arrière du pied droit à 33 centimètres du gauche; le premier servant déboite à droite, saisit de la main droite l'extrémité de la chaine, les ongles en dessous, porte la gauche à 33 centimètres de la droite, se porte à l'arrière de la pompe en se fendant du pied droit à 50 centimètres du gauche; le second servant déboite à gauche, saisit de la main gauche l'extrémité de sa chaine, les ongles en dessous, porte la main droite à 33 centimètres de la gauche, les ongles en dessus, déboîte à gauche, se porte également à l'arrière de la pompe en se fendant du pied gauche à 50 centimètres.

91. Au deuxième commandement, le chef pousse des deux mains, les servants tirent fortement sur les chaînes, tous trois partant du pied qui se trouve en arrière.

92. Pour arrêter la marche, l'instructeur commande :

1° *Sapeurs.*
2° HALTE.

93. Au deuxième commandement, le chef rapporte le pied qui est en arrière à côté de l'autre et quitte le balancier; les servants rapportent le pied qui est en avant à côté de l'autre, raccrochent les chaines à l'entablement et reprennent leur première position.

CHANGEMENTS DE DIRECTION.

94. Dans la marche en avant ainsi que dans la marche en arrière, pour faire changer de direction, l'instructeur commande :

1° *Tournez à droite* (ou *à gauche*).
2° MARCHE.

95. Au deuxième commandement, le chef et les servants font décrire un arc de cercle à la pompe et marchent ensuite dans la nouvelle direction. Dans la marche en arrière, le chef facilite la conversion en faisant tourner l'avant de la pompe.

Observations relatives à la deuxième leçon.

96. Comme les marches en avant et les marches en arrière ainsi que les conversions en marchant sont pénibles, on doit faire exécuter ces mouvements le moins longtemps possible, et faire les conversions de pied ferme lorsque le terrain présente quelque difficulté pour les faire en marchant.

97. Avant de passer aux conversions, l'instructeur, dans les premiers exercices, enseigne aux hommes le chargement en neuf temps. (*Voyez* le n° 132.)

98. Les conversions et les mouvements en avant et en arrière doivent être exécutés avec beaucoup de précision. Le chef et les servants déboîtent et se fendent toujours ensemble.

99. Le second servant ne quitte jamais la pompe et veille sans cesse à ce que personne n'y touche.

TROISIÈME LEÇON.

ARTICLE I.

100. L'instructeur, voulant faire exécuter la troisième leçon, commande :

1° *Etablissement en cinq temps.*

2° DÉMARREZ. (*Fig.* 73.)

Fig. 73.

101. Au deuxième commandement, le chef se porte à l'arrière en passant du côté gauche, saisit de la main gauche la lance près de la boite, et de la main droite les boyaux à 33 centimètres de la lance; les servants déboîtent à droite à hauteur des courroies, les débouclent et reprennent leur position.

OTEZ LA LANCE. (*Fig.* 74.)

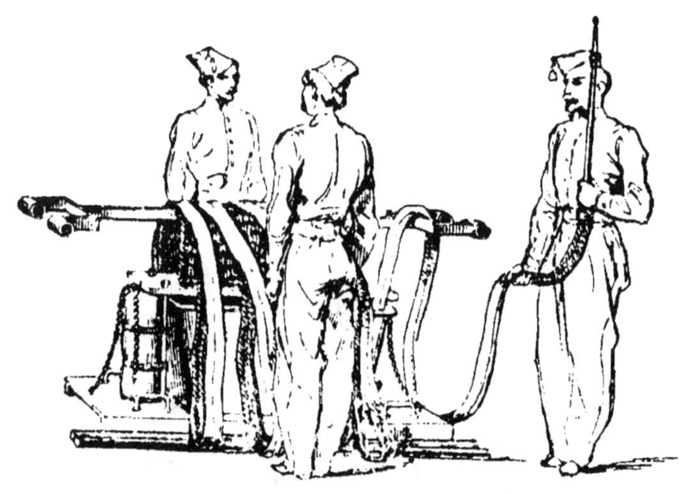

Fig. 74.

102. A ce commandement, le chef retire la lance en défaisant le dernier pli et se porte à un pas en arrière; les servants déboîtent à hauteur des poignées de l'avant, saisissent les leviers, les retirent ensemble en se fendant, le premier de la partie gauche, le second de la jambe droite, les placent le long du patin et reprennent leur première position. Ensuite ils saisissent des deux mains et par moitié les boyaux, en commençant par l'avant, les sortent de la bâche en les soulevant et les laissent reposer sur le balancier.

DÉVELOPPEZ. (*Fig.* 75.)

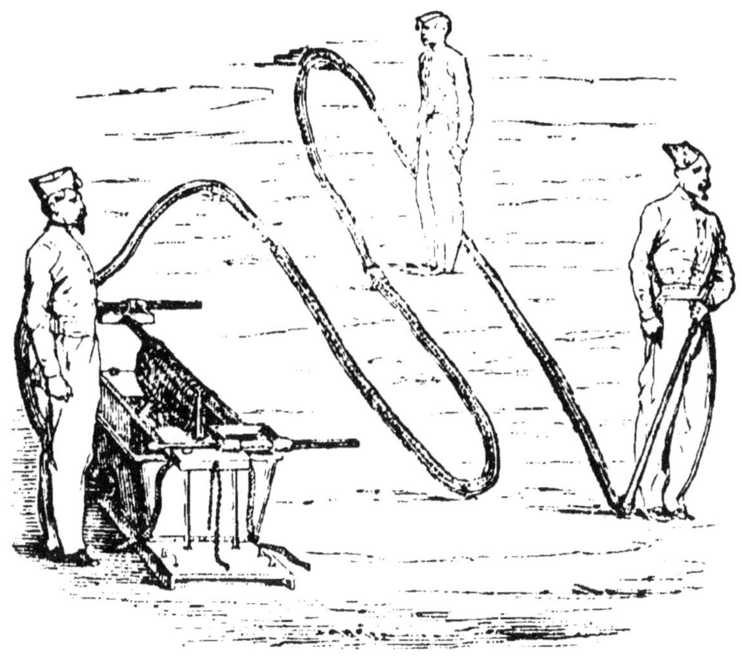

Fig. 75.

103. A ce commandement, le chef se porte au point d'attaque, le premier servant l'aide à développer, le second servant défait le pli qui entoure le T de l'avant, et tous trois disposent les boyaux de manière à faciliter le passage de l'eau ; le second servant, chargé du soin de la première demi-garniture, revient près de la pompe qu'il ne doit laisser toucher qu'à son commandement, déboucle les courroies qui maintiennent les seaux, les fait emplir et placer de manière à ne pas gêner la manœuvre.

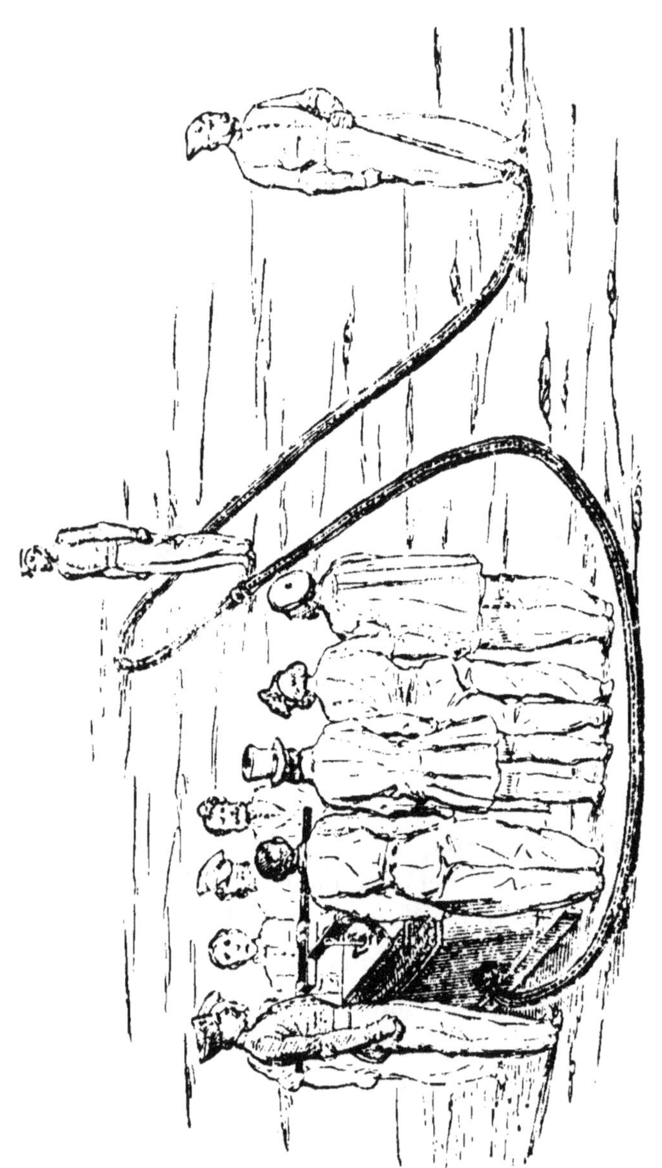

Fig. 76.

ARTICLE II.

FIXEZ L'ÉTABLISSEMENT. (*Fig.* 76.)

104. A ce commandement, le chef resserre la lance en plaçant le pied gauche sur le boyau, à 12 centimètres du raccord, la saisit de la main gauche près de la boîte, et de la main droite vers le milieu en tournant de gauche à droite, se place de manière qu'elle se trouve à sa droite et pose le pouce gauche sur l'orifice ; le premier servant fixe les collets et resserre les raccords, tenant la vis de la main gauche, la boîte de la main droite, et tourne de gauche à droite ; le second servant pose les tamis, fait emplir la bâche, place les leviers, abaisse l'un des côtés du balancier jusqu'à l'entablement, fait placer quatre hommes à chaque levier, face à la pompe, et resserre la pièce à deux vis et le raccord.

ARTICLE III.

PRENEZ VOS POSITIONS.

105. A ce commandement, le chef ne bouge pas ; le premier servant se tient entre la pompe et le chef pour transmettre les ordres de celui-ci au second servant qui fait saisir les leviers aux travailleurs, de manière que ceux qui sont au centre aient une branche du T entre les mains.

106. Pour faire exécuter la manœuvre, l'instructeur donne un coup de sifflet ; le premier servant commande : *Manœuvrez*, le second répète ce commandement. Aussitôt, les travailleurs placés du côté du balancier qui ne touche pas l'entablement, appuient

Fig. 77.

jusqu'à ce qu'il le touche; les quatre autres laissent monter leur levier sans chercher à en faciliter le mouvement, appuient à leur tour pour remettre le balancier dans la position qu'il vient de quitter, et ainsi de suite. Ce mouvement alternatif est enseigné aux travailleurs par le second servant, et se continue jusqu'au commandement *Halte*, qui est fait successivement par les servants après le coup de sifflet de l'instructeur.

107. Le chef lève de temps en temps le pouce de dessus l'orifice pour laisser passer l'air contenu dans les boyaux et qui est chassé avec force quand la manœuvre commence. Au moment où l'eau arrive, il élève la lance avec la main gauche, saisit la boîte avec la main droite, descend ensuite la main gauche vers le milieu et dirige le jet sur le point d'attaque. (*Fig*. 77.)

108. Pour faire cesser la manœuvre, l'instructeur donne un coup de sifflet; le premier et le second servant commandent successivement *Halte*.

109. A ce commandement, fait au moment où l'une des extrémités touche l'entablement, les travailleurs cessent d'agir, quittent les leviers et restent à la pompe.

ARTICLE IV.

110. Pour changer la pompe de place, on commande :

A LA POMPE.

111. A ce commandement, le chef et les servants se placent comme après avoir ôté le charriot; les travailleurs se retirent à quelques pas, et l'on change la pompe de place au moyen des chaînes, comme il est indiqué aux mouvements de la pompe étant à terre (n° 75).

112. Ce mouvement étant exécuté, l'instructeur commande :

REPRENEZ VOS POSITIONS.

Observations relatives à la troisième leçon.

113. Dans une attaque de feu, si le chef reconnaît qu'une demi-garniture soit suffisante, il commande : *Démontez une demi-garniture*; le chef démonte la lance, les servants démontent la seconde demi-garniture qu'ils enlèvent et portent sur le charriot, tandis que le chef monte la lance sur la première.

114. Avant comme après la manœuvre, le balancier doit toujours être incliné sur l'une des extrémités de l'entablement, car en le laissant dans une position horizontale, on pourrait craindre que les travailleurs, ne sachant de quel côté ils doivent appuyer quand ils commencent la manœuvre, agissent en même temps des deux côtés et que, leurs forces se faisant équilibre, la pompe restât dans l'inaction.

115. La pompe doit être placée, autant que possible, sur terrain uni et solide, assez accessible pour que l'arrivage de l'eau ne soit pas obstrué ; les boyaux doivent être placés de manière à n'être point foulés aux pieds.

QUATRIÈME LEÇON.

ARTICLE I.

116. La pompe ayant été manœuvrée, l'instructeur, pour la faire mettre en état d'être rechargée sur son charriot, commande :

DÉMONTEZ. (*Fig*. 78.)

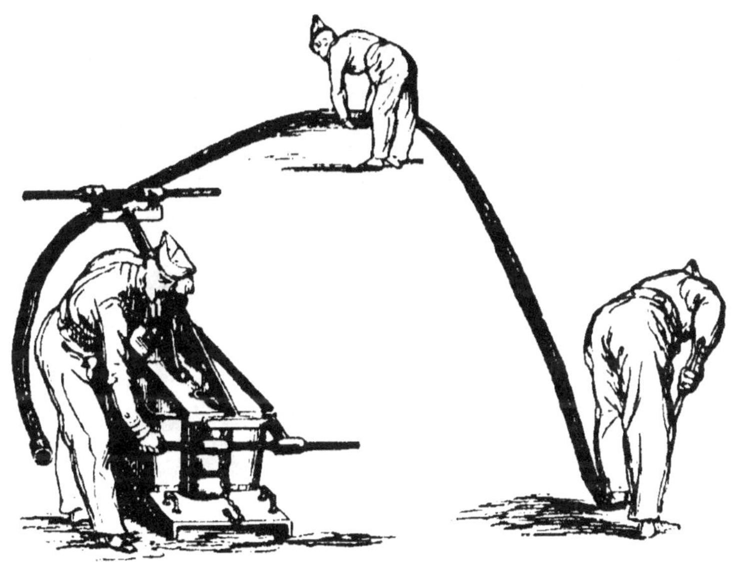

Fig. 78.

117. A ce commandement, le chef démonte la lance en posant le pied gauche sur le boyau, à 12 centimètres du raccord, la saisit avec la main gauche près de la boîte, et de la main droite vers le milieu en tournant de droite à gauche ; le premier servant détache les collets et démonte les raccords qui réunissent les demi-garnitures, et se place à deux mètres de la boîte; le second servant fait retirer les travailleurs, démonte le raccord qui réunit la première demi-garniture à la pièce à deux vis, abaisse le balancier sur l'arrière de l'entablement, et se place également à 2 mètres de la boîte.

VIDEZ LES DEMI-GARNITURES. (*Fig.* 79.)

Fig. 79.

118. A ce commandement, le chef revient près de la pompe avec la lance, la pose à terre, à 1 mètre de l'avant, et place auprès les leviers et les tamis. Chaque servant prend une demi-garniture, élève les bras après l'avoir saisie des deux mains, distantes l'une de l'autre de 50 centimètres, marche du côté de la plus grande longueur du boyau en le faisant passer d'une main dans l'autre, et en levant ainsi successivement, le dégage de l'eau qu'il contient. Ensuite ils le plient en quatre et rapprochent les raccords ensemble à 1 mètre de la pompe vis-à-vis la sortie, puis tous trois se placent comme après avoir ôté le charriot.

Abattez sur l'arrière. (*Fig.* 80.)

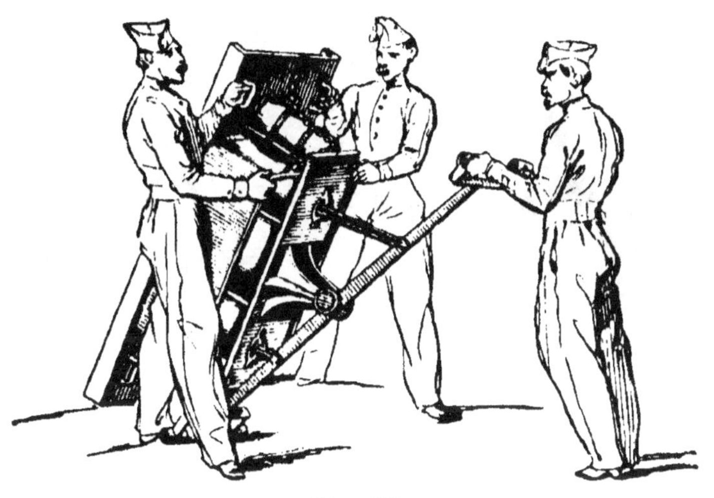

Fig. 80.

119. A ce commandement, le chef et les servants exécutent les deux premiers temps du chargement (nos 133 et 134); le chef se porte à l'arrière en passant du côté gauche, fait face à la pompe, et saisit des deux mains, les ongles en dessus, le T du balancier qui se trouve le plus élevé; les servants tournent sur les talons et suivent le mouvement. Tous trois ensuite renversent la pompe de manière à la faire porter sur le T de l'arrière et jusqu'à ce que la bâche soit assez inclinée pour que l'eau qu'elle contient puisse en sortir.

LAVEZ. (*Fig.* 81.)

Fig. 81.

120. A ce commandement, le chef quitte le balancier, jette plusieurs seaux d'eau dans la bâche et retire les ordures que l'eau n'aurait pas entraînées; ensuite les servants relèvent la pompe jusqu'à ce que l'arrière du patin touche à terre.

METTEZ A TERRE. (*Fig.* 82 *et* 83.)

121. A ce commandement, le chef se porte à l'avant par le côté gauche, fait face au patin, le saisit des deux mains, les ongles en dessus, pour maintenir la pompe en équilibre pendant que les servants changent de main; tous trois mettent la pompe à terre, le chef tenant la chaîne et les servants les poignées de l'avant; ensuite le chef fait mettre de l'eau propre dans la bâche, et tous se placent comme après avoir ôté le charriot.

Fig. 82.

Fig. 83.

VIDEZ LA POMPE. (*Fig.* 84.)

Fig. 84.

122. A ce commandement, le chef se place en face de la sortie; les servants se portent aux extrémités du balancier, le premier, à l'arrière, le second à l'avant, saisissent chacun les branches du T à deux mains, manœuvrent la pompe jusqu'à ce que l'eau en soit sortie entièrement. Alors le chef commande *Halte*, prend le balancier à deux mains, l'une à 16 centimètres en avant de l'arbre et l'autre à 16 centimètres en arrière, les ongles en dessus, pour soutenir la pompe pendant que les servants l'inclinent doucement sur le côté gauche, en la maintenant de manière que la pièce à deux vis ne touche pas à terre pendant que le récipient se vide entièrement, puis ils la redressent sans changer leurs mains de place.

ARTICLE II.

REMONTEZ. (*Fig.* 85.)

Fig. 85.

123. A ce commandement, le chef monte la demi-garniture sur la pièce à deux vis et reste face à la pompe, ayant les boyaux à sa gauche ; le premier servant amarre la branche gauche du T de l'arrière avec la courroie, afin de maintenir le balancier horizontalement, et vient se placer à la gauche du chef ; le second servant pose les tamis sur le balancier, les attache ensemble et se place face au premier servant.

ARMEZ LA POMPE. (*Fig.* 86.)

Fig. 86.

124. A ce commandement, le chef remet le boyau au premier servant qui le passe par-dessus la branche gauche du T de l'avant, revient en dessous pour le passer en croix sur le balancier, alors le second servant s'en empare, forme un premier pli qu'il assure dans le fond et à l'avant de la bâche; le premier servant en fait autant de son côté, et tous deux continuent de former successivement des plis, l'un tenant les mains appuyées sur le boyau à l'endroit où il pose sur les tamis, pendant que l'autre forme son pli, et ainsi de suite jusqu'à l'avant-dernier pli de la première demi-garniture; on monte la deuxième sur la première, et l'on continue de former des plis de droite et de gauche dans la bâche. Pendant cette manœuvre, le chef approche les boyaux aux servants et les surveille.

Lorsqu'il ne reste plus qu'un pli à faire, le chef, aidé du premier servant, monte la lance, et, la tenant de la main gauche, il fait face à la pompe.

AMARREZ. (*Fig.* 87.)

Fig. 87.

125. A ce commandement, le chef détache de la main droite la courroie qui fixe le balancier; chaque servant va prendre un levier, le présente par le petit bout à l'avant de la pompe, le glisse entre les plis des boyaux et les côtés de l'entablement, puis, le premier servant se portant à l'arrière, le second restant à l'avant, tous deux les font sortir également de dessous les boyaux en les posant sur la bâche; le chef place la lance sur le levier du côté gauche et forme le dernier pli; les servants amarrent les leviers, la lance et les boyaux avec les courroies, en les bouclant chacun à sa droite. Ce mouvement étant achevé, le chef replace la bâche ; le premier servant pose l'échelle à terre ainsi qu'il est prescrit au n° 70 ; le second servant met le cordage dans la bâche du côté gauche, et tous trois se placent comme après avoir ôté le chariot.

ARTICLE III.

126. Lorsque, dans un incendie, une pompe a cessé de fonctionner, on plie toujours les demi-garnitures.

127. Les hommes étant placés comme après avoir vidé la pompe, l'instructeur commande :

Remontez pour plier.

128. A ce commandement, le chef monte la demi-garniture sur la pièce à deux vis et reste placé face à la pompe ; le premier servant ne bouge pas, le second servant pose les tamis et reprend sa position.

129. L'instructeur commande ensuite :

Pliez les demi-garnitures.

130. A ce commandement, le chef passe le boyau sous la branche du T de l'avant et revient en dessus pour l'étendre jusqu'au T de l'arrière ; le premier servant maintient le balancier, puis à son tour saisit le boyau et forme un pareil pli sous la branche droite, ensuite les servants continuent de former les plis croisés, l'un maintenant le balancier dans une position horizontale, pendant que l'autre forme son pli ; le chef étend les boyaux alternativement de l'avant à l'arrière ; lorsque la première demi-garniture est pliée, on raccorde la seconde, et lorsque celle-ci est placée, on y monte la lance ; le chef reste du côté gauche de la pompe, lui faisant face.

AMARREZ.

131. A ce commandement, chaque servant va prendre un levier et revient se placer vis-à-vis le flanc de la pompe pour le poser sur la bâche, le gros bout à l'avant; le chef place la lance du côté gauche, etc., etc.; le reste comme au commandement AMARREZ, nº 125.

ARTICLE IV.

CHARGEMENT DE LA POMPE.

132. Pour faire charger la pompe sur son chariot, l'instructeur commande :

1° *Chargement en neuf temps.*
2° CHARGEZ. (*Fig.* 88.)

Fig. 88.

133. Au deuxième commandement, le chef saisit des deux mains la chaîne de l'avant, le plus près possible du piton; le premier servant fait un à gauche, le second un à droite, tous deux se portent à hauteur des poignées de l'avant, les saisissent, le premier de la main droite, le second de la main gauche, les ongles tournés vers eux et les talons réunis.

LEVEZ LA POMPE. (*Fig.* 89.)

Fig. 89.

134. A ce commandement, tous trois lèvent l'avant de la pompe à hauteur de ceinture, le premier servant fait un pas en arrière, remplace la main droite par la main gauche, fait un à droite, saisit le cordon de la bâche avec la main droite, porte le pied droit à 50 centimètres sur la droite et ouvre la pointe du pied gauche; le second servant fait un pas en arrière, remplace la main gauche par la droite, fait un à gauche, saisit le cordon de la bâche avec la main gauche, porte le pied gauche à 50 centimètres sur la gauche et ouvre la pointe du pied droit; ensuite le chef jette la chaîne sur le patin, qu'il saisit des deux mains, les ongles en dessus, les paumes appuyées dessous pour aider le mouvement, et tous trois maintiennent la pompe en équilibre.

AMENEZ LE CHARRIOT. (*Fig.* 90).

Fig. 90.

135. A ce commandement, le chef quitte le patin, va prendre le charriot par la traverse, le place sous la pompe, le plus avant possible, en posant le pied droit sur l'essieu.

Posez la pompe. (*Fig.* 91.)

Fig. 91.

136. A ce commandement, les servants posent doucement la pompe sur le chariot et quittent les poignées; le premier servant passe de la main gauche la chaîne au chef qui l'attache, bien tendue, au crochet placé sur la flèche, à la naissance du heurtoir; ils saisissent ensuite chacun un rais de la roue, le premier de la main gauche, le second de la main droite; le chef réunit les talons.

Saisissez les poignées. (*Fig.* 92.)

137. A ce commandement, les servants se portent à hauteur des poignées de l'arrière, les saisissent, le premier de la main droite, le second de la main gauche, faisant face en avant et joignant les talons.

Fig. 92.

A LA FLÈCHE. (*Fig*. 93.)

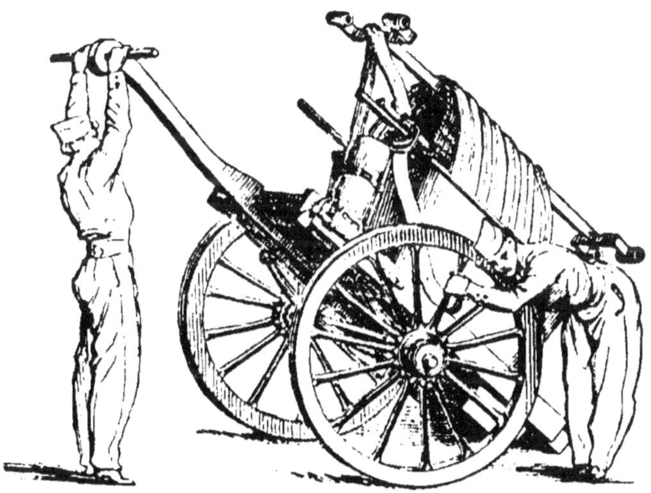

Fig. 93.

138. A ce commandement, le chef se porte à hauteur de la traverse et la saisit des deux mains.

ABATTEZ LA FLÈCHE. (*Fig.* 94.)

Fig. 94.

139. A ce commandement, le chef porte le pied droit sur le charriot, près du heurtoir, quitte la terre du pied gauche, afin que le poids de son corps l'aide à abattre la flèche qu'il maintient à hauteur de ceinture; en même temps les servants lèvent ensemble l'arrière de la pompe en tirant fortement sur les poignées et les abandonnent ensuite ; le premier servant se place entre la pompe et la traverse, saisit la chaîne de l'avant avec la main droite, les ongles en dessus, à 33 centimètres du piton ; le second servant se porte à l'arrière et pose les mains sur le patin, les pouces en dessous.

FLÈCHE A TERRE. (*Fig.* 95.)

140. A ce commandement, le chef pose doucement la flèche à terre, se fend du pied droit en arrière à 33 centimètres du gauche, qu'il place sur la tête de

Fig. 95.

la flèche, le talon à terre, pour empêcher le charriot d'avancer; le premier servant tire sur la chaîne et le second pousse la poupe.

ENCHAÎNEZ. (*Fig.* 96.)

Fig. 96.

141. A ce commandement, le second servant se

porte sur le flanc droit, à hauteur de la barre d'arrêt; le premier servant saisit l'échelle à crochets comme pour la retirer, la place sous la pompe, les crochets reposant sur le charriot; le chef se fend en avant du pied gauche, prend la chaîne de l'avant, la fixe au crochet placé près du heurtoir, l'enroule autour du boulon en fer de manière à maintenir l'échelle sous la flèche, la saisit de la main gauche pour la passer à droite, et la fixe tendue au deuxième crochet placé sur la flèche; le second servant passe de la main gauche la barre d'arrêt au premier servant qui la reçoit de la main droite et la remet à sa place; tous trois reprennent ensuite les positions prescrites par le commandement : A VOS POSTES.

Observations relatives à la quatrième leçon.

142. Les vis, boîtes et écrous se montent en tournant de gauche à droite, et se démontent en tournant en sens inverse; les raccords sont montés par deux hommes : l'un tient la vis dans une position fixe, et l'autre la boîte qu'il tourne ainsi qu'il est dit ci-dessus; chacun ayant les boyaux à sa droite. Un seul homme peut aussi les monter : à cet effet, il tient la vis de la main gauche et la boîte de la main droite. On doit avoir soin de ne pas traîner à terre les vis et raccords, afin de ne pas les dégrader.

143. Pour former les plis dans la bâche, le second servant saisit des deux mains l'extrémité du pli, les pouces en dessus, détermine sa longueur en le présentant sur la hauteur extérieure de la bâche, remonte la main droite à 50 centimètres de la gauche, et place le pli de la bâche en l'assurant au fond. Pour le premier servant, mêmes principes et moyens inverses.

144. Lorsque les boyaux sont placés en écheveaux, si l'instructeur veut faire établir la pompe, il commande : DÉMARREZ. On exécute alors ce qui est prescrit au n° 101 ; l'instructeur commande : OTEZ LA LANCE. A ce commandement, le chef enlève la lance, les servants placent les leviers le long du patin, se portent ensuite aux extrémités du balancier, le premier à l'arrière, le second en avant, et défont les plis des boyaux qu'ils jettent à terre du côté de la sortie. Le reste comme à la troisième leçon, n° 103.

145. Pour amarrer, les servants doivent enrouler deux fois les courroies autour des leviers et de la lance.

CINQUIÈME LEÇON.

146. L'objet de cette leçon est d'éviter la multiplicité des commandements et d'accélérer l'établissement de la pompe.

ARTICLE I.

EXERCICE PRÉCIPITÉ.

147. L'exercice en cinq temps est réduit à deux temps principaux, ainsi qu'il suit :

148. Le premier temps s'exécute à la fin du commandement EN MANŒUVRE, et le second, au commandement DEUX.

149. L'instructeur commande :

1° *Exercice précipité.*
2° EN MANŒUVRE.

150. Exécuter le premier temps de l'exercice, déchaîner et lever la flèche.

DEUX.

151. Mettre la pompe à terre et ôter le charriot.

ARTICLE II.

ÉTABLISSEMENT PRÉCIPITÉ.

152. L'établissement en cinq temps est réduit à deux temps principaux, ainsi qu'il suit :

153. Le premier temps s'exécute à la fin du commandement DÉMARREZ, et le second au commandement DEUX.

154. L'instructeur commande :

1° *Etablissement précipité.*
2° DÉMARREZ.

155. Exécuter le premier temps de l'établissement et ôter la lance.

DEUX.

156. Développer les boyaux, fixer l'établissement et prendre les positions.

ARTICLE III.

CHARGEMENT PRÉCIPITÉ.

157. Le chargement en neuf temps est réduit à trois temps principaux, ainsi qu'il suit :

158. Le premier temps s'exécute à la fin du commandement CHARGEZ; les deux autres aux commandements de DEUX et TROIS.

159. L'instructeur commande :

1° *Chargement précipité.*
2° CHARGEZ.

160. Exécuter le premier temps du chargement, lever la pompe et amener le charriot.

DEUX.

161. Poser la pompe, saisir les poignées et prendre la flèche.

TROIS.

162. Abattre la flèche, mettre la flèche à terre et enchaîner.

163. L'instructeur doit exiger beaucoup de régularité et d'attention dans l'exécution des temps et dans les positions.

ARTICLE IV.

MANŒUVRE DE PLUSIEURS POMPES RÉUNIES.

164. Les principes contenus dans les quatre premières leçons peuvent être appliqués à la réunion de plusieurs pompes.

165. Lorsque plusieurs pompes doivent être manœuvrées ensemble, l'instructeur les fait placer en ligne, à dix pas d'intervalle, et, après avoir désigné les chefs et les servants de chacune, fait prendre les positions et lever la flèche par les commandements prescrits aux nos 13 et suivants.

166. Il fait prendre ensuite un numéro d'ordre à chaque pompe en commençant par la droite, les chefs appelant leur numéro à haute voix. Lorsqu'il veut faire prendre l'alignement, il doit toujours faire avancer de quelques pas la pompe qui doit servir de base d'alignement, de manière que toutes les autres soient en arrière de celle-ci et ne soient pas obligées de reculer pour s'aligner.

167. Toutes les fois que le terrain le permet, il doit y avoir dix pas d'intervalle entre chaque pompe, lorsqu'elles sont en ligne, et six pas lorsqu'elles sont en colonne.

168. Les conversions de pied ferme, les demi-tours, les marches en avant et en arrière, l'exercice en cinq temps et le chargement en neuf temps, s'exécutent comme il est dit dans les quatre premières leçons.

169. Lorsque l'instructeur veut faire passer de l'ordre en bataille à l'ordre en colonne, la droite ou la gauche en tête, il commande :

1° A *droite* (ou *à gauche*) EN COLONNE.
2° MARCHE.

170. Au premier et au second commandement on exécute ce qui est prescrit aux n°s 20 et suivants.

171. Lorsque l'instructeur veut faire marcher la colonne en avant, il commande :

1° *Colonne en avant.*
2° MARCHE.

172. Au second commandement, que les chefs répètent vivement, on exécute ce qui est prescrit aux n°s 42 et suivants.

173. Lorsque l'instructeur veut faire changer de direction à la colonne, il fait placer des jalonneurs aux points où les changements de direction doivent avoir lieu, et commande ensuite :

Tête de colonne (*à droite* ou *à gauche*).

174. Quelques pas avant d'arriver au point de conversion, chaque chef commande : *Tournez à droite* (ou *à gauche*), et, lorsqu'il arrive à hauteur du jalonneur, il commande : MARCHE. A ce commandement, on exécute ce qui est prescrit au nº 53.

175. Lorsque l'instructeur veut faire arrêter la colonne, il commande :

1º *Colonne*.
2º HALTE.

176. Chaque chef répète vivement le commandement : HALTE, et la colonne s'arrête.

177. Lorsque l'instructeur, après avoir fait arrêter la colonne, veut la faire mettre en ligne, il commande :

1º *A droite* (ou *à gauche*) *en ligne*.
2º MARCHE.

178. Au premier commandement, on exécute ce qui est prescrit au nº 24, et, au second, répété vivement par les chefs, on exécute ce qui est prescrit aux nºˢ 25 et 26.

179. La colonne étant en marche, si l'instructeur veut la former sur la droite ou sur la gauche en bataille, il place un jalonneur au point où il veut appuyer la droite et toujours à dix pas en dehors de la colonne, et commande :

1º *Sur la droite* (ou *sur la gauche*) *en bataille*.
2º MARCHE.

180. Le chef de la première pompe commande aussitôt : *Tournez à droite* (ou *à gauche*), MARCHE.

181. Au deuxième commandement du chef, les deux servants exécutent ce qui est prescrit au n° 53, et, après avoir tourné, marchent en avant jusqu'au commandement de HALTE que fait le chef à l'instant où ils arrivent près du jalonneur.

182. Toutes les autres pompes continuent à marcher en avant et ne doivent converser, pour se porter sur la ligne, que lorsqu'elles sont arrivées à la distance prescrite au n° 165 : chaque chef fait les mêmes commandements que le premier.

Observations relatives à la cinquième leçon,

AU QUATRIÈME ARTICLE.

183. Lorsque l'instructeur veut arrêter la colonne, il doit faire prendre le pas accéléré et les distances, si elles sont perdues, afin d'éviter les accidents qui pourraient arriver, s'il arrêtait la colonne au pas gymnastique.

184. Lorsque l'instructeur veut faire exécuter l'exercice précipité, il commande :

1° *Exercice précipité.*

2° EN MANŒUVRE.

185. Les chefs répètent ces commandements et font ensuite celui de *Deux*.

186. Lorsque les pompes sont mises à terre, chaque

chef conduit son charriot à l'endroit désigné par l'instructeur pour former le parc et met la flèche à terre, en ayant soin que les charriots se trouvent placés à la suite et dans la direction de l'axe du premier.

187. Quand l'instructeur veut faire exécuter l'établissement précipité, il commande :

1° *Établissement précipité.*

2° DÉMARREZ.

188. Les chefs répètent ces commandements et répètent celui de *Deux*.

189. Lorsque l'instructeur veut faire exécuter ou cesser la manœuvre, il l'ordonne à chaque chef.

Le n° 1 donne un coup de sifflet simple.

Le n° 2 — un coup de sifflet double.

Le n° 3 — un coup de sifflet double et un coup simple.

Le n° 4 — deux coups de sifflet doubles.

Le n° 5 — un coup de sifflet simple et un double.

Le n° 6 — un coup de sifflet simple, un double et un simple.

190. Le coup de sifflet simple doit être prolongé, le coup de sifflet double est composé de deux coups détachés, le second prolongé ; entre les doubles et les simples, les intervalles doivent être plus grands. S'il y a plus de six pompes en ligne, on forme une nouvelle série, qui commence à la septième, les commandements sont ceux de la première série; mais ils doivent être précédés d'une cadence.

191. Après la manœuvre, lorsque l'instructeur veut faire mettre les pompes en état d'être rechargées sur leurs charriots, il fait les mêmes commandements que dans la quatrième leçon, nos 116 et suivants.

192. L'instructeur, voulant ensuite faire exécuter le chargement précipité, commande :

1° *Chargement précipité.*

2° CHARGEZ.

193. Les chefs répètent ces commandements et font ensuite celui de *Deux* et de *Trois*.

SIXIÈME LEÇON.

ARTICLE I.

MANŒUVRE DE LA POMPE ASPIRANTE.

194. La manœuvre de la pompe aspirante est à peu près la même que celle de la pompe foulante; elles ne diffèrent entre elles que par l'emploi du tuyau appelé *aspiral*; il ne s'agit donc que de la manière d'en faire usage.

195. Lorsqu'une pompe aspirante doit être amenée sur les lieux d'un sinistre, on place l'aspiral sur la pompe en dessous du balancier, reposant sur les leviers, la boîte placée à l'avant et du côté du chapeau couvert.

196. Arrivée au lieu où elle doit être mise en manœuvre, on exécute l'exercice précipité, et l'instructeur commande ensuite :

ENLEVEZ L'ASPIRAL.

197. A ce commandement, le chef se porte du côté de la sortie, le premier servant à l'arrière, le second à l'avant, tous deux débouclent les courroies, et aidés du chef, déroulent l'aspiral et le posent à terre, la boîte du côté du chapeau couvert.

198. L'instructeur commande ensuite :

MONTEZ L'ASPIRAL.

199. A ce commandement, le chef démonte la tête d'arrosoir, la passe au second servant qui la visse à l'extrémité de l'aspiral. Le premier servant démonte le chapeau couvert et le visse sur la courbe d'aspiration. Ensuite le chef, aidé du premier servant, monte l'aspiral sur le pas de vis. Cela terminé, le second servant plonge l'extrémité dans l'eau à 50 centimètres de la surface. Tous trois se placent ensuite comme après avoir ôté le charriot et exécuté l'établissement précipité.

200. Après la manœuvre de la pompe et avant l'exécution de la quatrième leçon, l'instructeur, voulant faire démonter l'aspiral, commande :

DÉMONTEZ L'ASPIRAL.

201. A ce commandement, le chef démonte l'aspiral ; le second servant en sort l'extrémité de l'eau, et tous deux le posent à terre à 1 mètre de la pompe. Pendant ce temps, le premier servant démonte le chapeau couvert et l'adapte sur la vis extérieure. Le second servant démonte la tête d'arrosoir et vient la visser sur la courbe d'aspiration. Tous trois se placent ensuite comme il est prescrit au commandement de PRENEZ VOS POSITIONS, et on exécute la quatrième leçon jusques et y compris le commandement d'AMARREZ.

202. Ce mouvement achevé, l'instructeur commande :

PLACEZ L'ASPIRAL.

203. A ce commandement, les servants saisissent

l'aspiral, le premier par la vis, le second par la boîte, et, aidés du chef, l'enroulent en le plaçant de manière à le faire reposer sur les leviers, comme il a été dit au n° 159, ils bouclent ensuite les courroies et tous reprennent la position comme après avoir ôté le chariot.

204. On exécute ensuite le chargement précipité.

NOTA. L'Echelle à crochets, l'emploi du Sac et des Nœuds de sauvetage, ainsi que l'appareil des feux de cave, se trouve dans le *Manuel du Sapeur-Pompier*, rédigé *par l'Etat-Major*, publié *par ordre du Ministre de la guerre*, et qui se vend 3 fr. à la *Librairie encyclopédique de Roret*, rue Hautefeuille, n° 12.

FIN.

TABLE DES MATIÈRES

CONTENUES

DANS LA THÉORIE DES SAPEURS-POMPIERS.

FIN DE LA TABLE DES MATIÈRES.

BAR-SUR-SEINE. — IMP. SAILLARD.

(1) *Le plus ancien ordre romain*, *écrit avant l'an 800*, parle d'un mouchoir donné *en cérémonie à l'évêque* par le sous-diacre au commencement de la messe.

(2) On lit *istius manipulæ* dans un Missel manuscrit de Noyon, d'environ 800 ans, où se trouvent les préparations pour la messe; et selon un Pontifical manuscrit de Toul, d'environ 250 ans, l'évêque, après avoir donné le manipule aux sous-diacres, dit : *In vestione harum manipularum subnixe te, Domine, deprecamur*, etc.

qu'il n'a succédé qu'à un long mouchoir qu'on laissait pendre autour du cou. L'Eglise, sans s'arrêter scrupuleusement à ces sortes d'origines, a regardé simplement l'*orarium* comme un vêtement d'honneur, et a voulu qu'en le prenant le prêtre demandât à Dieu de lui faire recouvrer l'innocence et l'immortalité dont il avait orné l'homme en le créant.

La chasuble, *casula*[1] ou *planeta*, était un grand manteau tout rond ouvert seulement par le haut pour y passer la tête. Ce fut durant les sept premiers siè-

(2) Cette étole, appelée *si longtemps orarium*, était un signe de quelque juridiction pour les diacres, parce qu'ils s'en servaient dans l'église pour avertir ou de lire, ou de prier, ou de se mettre à genoux comme dans les synagogues des juifs quelqu'un tenait un mouchoir à la main pour avertir le peuple de dire *amen*. C'est pour ce sujet que le concile de Laodicée défendit aux sous-diacres de porter cet *orarium*, can. 22. Et quand dans l'ordination on a donné pouvoir aux diacres de lire l'Evangile dans l'église, on leur a aussi donné cet *orarium* comme une marque de ce pouvoir : *Recipe istud orarium, ut habeas licentiam legendi Evangelium.*

linge long et étroit qu'on portait communément sur le bras ou à la main gauche, ainsi que le représente la miniature faite sous Charles-le-Chauve, au neuvième siècle. On y voit que ces petites serviettes longues et étroites avaient déjà des franges aux extrémités; au dixième siècle les franges étaient d'or; à la fin du onzième on s'en servait encore comme d'un mouchoir, selon Ives de Chartres, et même au commencement du douzième on s'en servait pour essuyer le

ENCYCLOPÉDIE-RORET.

COLLECTION

DES

MANUELS-RORET

FORMANT UNE

ENCYCLOPÉDIE

DES SCIENCES ET DES ARTS,

FORMAT IN-18

Par une réunion de Savans et de Praticiens ;

MESSIEURS

Amoros, Arsenne, Biot, Biret, Biston, Boisduval, Boitard, Bosc, Boutereau, Boyard, Cahen, Chaussier, Chevrier, Choron, Constantin, De Gayffier, De Lafage, P. Desormeaux, Dubois, Dujardin, Francoeur, Giquel, Hervé, Huot, Janvier, Julia-Fontenelle, Julien, Lacroix, Landrin, Launay, Ledhuy, Lenormand, Lesson, Loriol, E. Lormé, F. Malepeyre, Matter, Miné, Muller, Nicard, Noel, Pautet, Rang, Rendu, Richard, Riffault, Tarbé, Terquem, Thiébaut de Berneaud, Thillaye, Toussaint, Tremery, Truy, Vauquelin, Verdier, Vergnaud, Yvart, etc.

Tous les Traités se vendent séparément, 300 volumes environ sont en vente ; pour recevoir franc de port chacun d'eux, il faut joindre un mandat sur la poste à la lettre de demande. Tous les ouvrages qui ne portent pas au bas du titre : *Librairie Encyclopédique de Roret* n'appartiennent pas à la *Collection de Manuels-Roret* qui a eu des imitateurs et des contrefacteurs.

Cette Collection étant une entreprise toute philantropique, les personnes qui auraient quelque chose à nous faire parvenir dans l'intérêt des sciences et des arts, sont priées de l'envoyer franc de port à l'adresse de M. le *Directeur de l'Encyclopédie-Roret*, format in-18, chez M. Roret, libraire, rue Hautefeuille, 12, à Paris.

Imprimé par Charles Noblet, rue Soufflot, 18.

www.ingramcontent.com/pod-product-compliance
Lightning Source LLC
LaVergne TN
LVHW012356220826
846092LV00002B/551
* 9 7 8 2 3 2 9 6 9 0 4 3 8 *